Sticker Collection

Sticker Collection

Sticker Collection

Sticker Collection

Sticker Collection

Sticker Collection

Sticker Collection

Sticker Collection

Sticker Collection

Sticker Collection

Sticker Collection

Sticker Collection

Sticker Collection

Sticker Collection

Sticker Collection

Sticker Collection

Sticker Collection

Sticker Collection

Sticker Collection

Sticker Collection

Sticker Collection

Sticker Collection

Sticker Collection

Sticker Collection

Sticker Collection

Sticker Collection

Sticker Collection

Sticker Collection

Sticker Collection

Sticker Collection

Sticker Collection

Sticker Collection

Sticker Collection

Sticker Collection

Sticker Collection

Sticker Collection

Sticker Collection

Sticker Collection

Sticker Collection

Sticker Collection

Sticker Collection

Sticker Collection

Sticker Collection

Sticker Collection

Sticker Collection

Sticker Collection

Sticker Collection

Sticker Collection

Sticker Collection

Sticker Collection

Sticker Collection

Sticker Collection

Sticker Collection

Sticker Collection

Sticker Collection

Sticker Collection

Sticker Collection

Sticker Collection

Sticker Collection

Sticker Collection

Sticker Collection

Sticker Collection

Sticker Collection

Sticker Collection

Sticker Collection

Sticker Collection

Sticker Collection

Sticker Collection

Sticker Collection

Sticker Collection

Sticker Collection

Sticker Collection

Sticker Collection

Sticker Collection

Sticker Collection

Sticker Collection

Sticker Collection

Sticker Collection

Sticker Collection

Sticker Collection

Sticker Collection

Sticker Collection

Sticker Collection

Sticker Collection

Sticker Collection

Sticker Collection

Sticker Collection

Sticker Collection

Sticker Collection

Sticker Collection

Sticker Collection

Sticker Collection

Sticker Collection

Sticker Collection

Sticker Collection

Sticker Collection

Sticker Collection

Sticker Collection

Sticker Collection

Sticker Collection

Made in the USA
San Bernardino,
CA